LA
PROSTITUTION

DES MINEURES SELON LA LOI PÉNALE

A PROPOS DU RÉCENT CONGRÈS PÉNITENTIAIRE

PAR

Marc RÉVILLE

AVOCAT A LA COUR D'APPEL DE PARIS

PARIS

LIBRAIRIE FISCHBACHER

Société anonyme

33, RUE DE SEINE, 33

1896

LA
PROSTITUTION

DES MINEURES SELON LA LOI PÉNALE

A PROPOS DU RÉCENT CONGRÈS PÉNITENTIAIRE

PAR

Marc RÉVILLE

AVOCAT A LA COUR D'APPEL DE PARIS

PARIS

LIBRAIRIE FISCHBACHER

Société anonyme

33, RUE DE SEINE, 33

—

1896

LA PROSTITUTION

DES MINEURES SELON LA LOI PÉNALE

A PROPOS DU RÉCENT CONGRÈS PÉNITENTIAIRE

Parmi les questions soumises au dernier Congrès pénitentiaire international, peu présentaient un caractère d'actualité plus grande, peu demandaient une solution pratique plus urgente, que la huitième question de la quatrième section ainsi conçue : « Quels seraient les moyens de *prévenir* et de réprimer la prostitution des mineures (selon la loi pénale)? »

« Ne serait-il pas désirable qu'une entente intervînt entre les différents États dans le but de prévenir la prostitution des jeunes filles placées à l'étranger et trop souvent livrées au vice par les manœuvres de certaines personnes ou de certaines agences? »

Après un rapport très étudié en section de M. Yves Guyot, particulièrement désigné par ses travaux antérieurs pour cette étude, et une très intéressante discussion, le Congrès a adopté les vœux suivants, qui lui étaient présentés au nom de la quatrième section par M. le sénateur Bérenger :

« 1º L'embauchage par réclame ou par fraude pour la prostitution, l'emploi des mêmes moyens pour contraindre une personne, même majeure, à se livrer à la prostitution, doivent être sévèrement réprimés, avec aggravation de la peine en cas de récidive (proposition de M. le sénateur Bérenger);

« 2º Il y a lieu de provoquer une conférence des délégués des gouvernements pour prendre des mesures internationales contre la traite des blanches (proposition de M. Yves Guyot);

« 3° Les meilleurs moyens de *réprimer* la prostitution des mineures sont :

« *a*) Élever jusqu'à quinze ans l'âge auquel la séduction est considérée comme attentat aux mœurs ;

« *b*) Multiplier le nombre des écoles de réforme, asiles, refuges ou autres établissements du même genre, destinés aux jeunes filles mineures qui ont *commis* des fautes contre les mœurs (proposition de M. le comte d'Haussonville);

« 4° Reconnaissant l'influence de l'éducation religieuse sur la moralité publique, il faut respecter le rôle important qui doit toujours lui être réservé (proposition de M. Baillière) ;

« 5° Tout mineur de l'un ou l'autre sexe, âgé de moins de dix-huit ans, saisi en état habituel de prostitution, sera conduit, après instruction ou enquête, devant un tribunal qui, suivant les circonstances, ordonnera la remise à ses parents, ou son envoi jusqu'à la majorité civile dans tel établissement de correction, d'éducation ou de réforme, ou telle famille honorable qu'il désignera (proposition de M. le sénateur Bérenger).

6° Le Congrès émet le vœu que la question de la réglementation de la prostitution soit mise à l'ordre du jour d'un prochain Congrès (proposition de M. le docteur Feulard). »

Quoiqu'ils aient déjà été publiés dans la *Revue Pénitentiaire* (1), il nous a paru utile de reproduire ces vœux immédiatement après la question posée. De ce rapprochement il résulte que, très pratiques assurément au point de vue de la répression de la prostitution juvénile, les décisions du Congrès ont manqué de précision d'une façon générale, et notamment pour tout ce qui concerne les moyens à recommander pour *prévenir* cette prostitution. Peut-être l'intervention des partisans de la liberté de la prostitution et la défense vigoureuse des amis de la réglementation (intervention et défense dont témoignent les deuxième et sixième vœux) ont-elles, au cours de la discussion, fait oublier légèrement le problème à résoudre, et fait dévier les débats. Toujours est-il qu'il semble que, malgré les réso-

____

(1) *Bulletin* 1895, page 1068 et suiv.

lutions du Congrès, la question n'est pas complètement résolue, et qu'il est permis encore, sans imiter l'ignorant qui voudrait en remontrer à son maître, de rechercher les moyens à préconiser pour empêcher, dans la plus large mesure, l'excitation des mineures à la débauche, et une situation aussi lamentable qu'effrayante.

I

Comme la criminalité, la prostitution voit s'abaisser chaque jour l'âge de ses recrues. La civilisation produit au point de vue du mal le même effet qu'au point de vue du bien : elle rend les jeunes générations plus précoces. Tandis qu'autrefois on ne voyait guère de très jeunes filles livrées à la débauche que malgré elles et par des misérables intéressés à leur perte morale, aujourd'hui on les voit qui s'y livrent d'elles-mêmes, ou du moins qui n'exercent aucune résistance à l'action corruptive dirigée contre elles.

Au point de vue social, cette constatation manifeste un mouvement de recul dans le mouvement de progrès qui tend à mettre de plus en plus la femme au même rang que l'homme : l'abjection même de la prostituée et la conscience qu'elle a de son indignité enlèvent à la femme jusqu'à l'aptitude nécessaire à son émancipation ; inscrite ou non sur des registres administratifs, elle est une fille soumise, au sens le plus large du mot ; sa dégradation morale rend ainsi définitive son incapacité civile et politique, malgré tous les efforts tentés pour faire disparaître celle-ci. Ajoutez à cela que la jeune fille, plongée prématurément dans la débauche, est, sauf des exceptions très rares, irrémédiablement perdue pour la vie de famille et pour les joies de la maternité qui se trouvent taries à leur source par les maladies dont l'inconduite est l'origine, non pas, comme on le croit communément, unique, mais au moins la plus fréquente. N'oubliez pas que la jeunesse même des malheureuses les expose, vu leur inexpérience ou leur insouciance, tout spécialement à la contagion vénérienne, dont elles deviennent les courtières inconscientes et particulièrement dangereuses. Le devoir du sociologue, dans les pays où la natalité diminue, et celui du moraliste partout, est donc de rechercher les moyens de prévenir et de réprimer la prostitution juvénile.

Il ne s'agit ici que des mineures selon la loi pénale, c'est-à-dire des jeunes filles âgées de moins de seize ou de dix-huit ans, selon la législation de leur pays. En principe, la prostitution est un acte libre qui ne peut être restreint que par le respect de la liberté ou de l'existence d'autrui : une femme a matériellement le droit de disposer de son corps comme bon lui semble ; mais encore faut-il qu'elle ait conscience de ce qu'elle fait, et que cette dation de son être physique constitue de sa part un acte dont elle comprend la portée. C'est pour cela que la prostitution ne tombe pas sous le coup de la loi pénale (des esprits distingués trouvent même qu'il est immoral de la réglementer dans un but utilitaire), mais elle peut, elle doit être, au contraire, empêchée et réprimée à l'égard des mineures qu'il convient de protéger contre leur inexpérience, aussi bien au point de vue des mœurs qu'au point de vue de la capacité civile. Utilité, justice, tout est d'accord pour nous déterminer à chercher la solution de la question.

Le problème n'est pas, comme on l'a dit, insoluble. Aux pessimistes qui considèrent la prostitution comme un mal nécessaire, atteignant indifféremment les jeunes et les adultes et qu'il est impossible de limiter autrement que par des règlements d'hygiène publique, on peut opposer par analogie les résultats heureux déjà produits par la loi Théophile Roussel (du nom de son ardent propagateur) sur l'enfance moralement abandonnée. Cette loi contient une série de dispositions civiles ayant pour but de sauver les petits délaissés en recueillant « ces orphelins qui ont un père et une mère, » en punissant de déchéance paternelle les parents indignes de conserver les droits que la nature leur avait donnés sur leurs enfants, et en permettant à ceux d'entre eux qui ont conscience de leur incapacité de renoncer, au profit de l'Assistance publique, à l'honneur et au plaisir d'élever leurs enfants. Les résultats de cette loi encore toute récente (1889) permettent cependant déjà d'en apprécier les bienfaits en notre matière : les jeunes prostituées, que l'on trouve depuis quelques années dans les maisons d'arrêt, appartiennent, suivant une progression toujours plus faible, aux enfants protégées par la loi Roussel, aux petites vagabondes, c'est-à-dire aux petites prostituées, car la débauche vénale n'est qu'une forme du dévergondage féminin. Aussi ne peut-on que se réjouir de voir le projet de loi belge, préparé par l'honorable et si compétent M. Lejeune, adopter sur nombre de points les dispositions de notre nouvelle législation, sauf à en élargir et à en compléter le cadre, en cherchant à attaquer directement la prostitution des mineures.

II

Le meilleur moyen de combattre un mal est d'en connaître les causes ; nous croyons devoir insister sur ce point parce qu'il a été, à notre avis, trop laissé de côté lors du Congrès de 1895 Cette recherche est à la fois difficile et complexe pour la prostitution junévile : tel milieu déterminé sera, suivant les circonstances, le terrain le plus défavorable, ou au contraire le sol le plus propice au développement de ce microbe moral. Exemple : la famille est à juste titre considérée comme l'asile le plus inviolable de la jeune fille contre l'inconduite ; le travail assidu et régulier est volontiers préconisé aussi comme un élément protecteur de la vertu. — Cependant (sans parler des familles indignes) très souvent la jeune fille pauvre trouve dans sa famille le point de départ de son inconduite, ou tout au moins elle n'y rencontre pas l'appui moral sur lequel elle devrait pouvoir compter aux heures d'hésitation et de défaillance ; de même l'atelier industriel ou commercial est trop souvent une académie de mauvaises mœurs, au lieu d'être le sanctuaire respectable de l'unique labeur.

Malgré cela, on peut, je crois, ranger en trois grandes classes les causes qui conduisent les très jeunes filles à la prostitution; examinons-les rapidement.

§ 1

Les causes prédisposantes de la prostitution juvénile sont

celles qui n'exercent qu'une action médiate sur la moralité de la jeune fille et lui rendent plus facile la chute vers la débauche vénale sans l'y attirer directement.

Au premier rang de ces causes doit être placée l'insuffisance de la condition matérielle de la femme dans la société moderne. Ayant des besoins supérieurs, non pas à ses capacités, mais à la rémunération de l'exercice de ses facultés, elle est en quelque sorte obligée de recourir au concours de l'homme pour subvenir aux nécessités de l'existence ; d'un autre côté, le mariage des jeunes gens rencontre tant d'obstacles matériels, moraux et légaux que, par une pente presque forcée, la jeune fille est entraînée vers l'union libre qui ne demande qu'une occasion pour se transformer en prostitution. C'est le sentiment, souvent inconscient, du caractère indispensable de cette protection masculine qui conduit un grand nombre de jeunes filles de la classe la plus pauvre, d'abord à la vie irrégulière, puis à la débauche.

Ce phénomène, que les sociologues ont trop négligé jusqu'ici, est beaucoup plus fréquent que le vice inné, auquel on accorde souvent un rôle beaucoup trop prépondérant. Chez la mineure de seize ou de dix-huit ans, il est bien rare de rencontrer le vice inné, assez fort pour faire d'elle une prostituée ; cela peut se rencontrer chez une descendante de prostituée ou de parents alcooliques, mais alors on se trouve en face d'un cas pathologique qui relève de la médecine et non de la science pénitentiaire. Ce que trop facilement on prend pour une disposition innée à la luxure — disposition qui existe réellement chez le jeune garçon du même âge — c'est un défaut de la volonté et du sens moral, nécessaires à la jeune fille pour résister à l'ensemble des circonstances qui la portent à se mal conduire. Cette tendance est bien une cause prédisposante à la débauche, mais elle tient moins à la nature vicieuse de la jeune fille qu'à l'absence d'une solide éducation morale.

Joignez à cela l'indulgence invraisemblable d'une grande partie du public pour tout ce qui touche à la plus élémentaire pudeur, la complaisance de nombre de littérateurs qui, au lieu de chercher à attirer l'esprit de leurs lecteurs vers des objets nobles et élevés, se complaisent, au contraire, à le diriger vers

les sujets triviaux et même orduriers, l'influence néfaste (1) de
l'imagerie pornographique qui, grâce à son débit aussi nombreux que peu coûteux, se répand partout, même dans les pays
où la censure règne en souveraine, enfin l'action quelquefois
non moins funeste du théâtre, qui produit d'autant plus d'effet
qu'il met sous les yeux de la jeune fille des tableaux vivants,
et vous aurez énuméré quelques-unes des causes prédisposantes à la prostitution.

Il y en a d'autres encore, non les moins graves, se résumant
en ces mots : l'influence du milieu. C'est celle-ci qui exerce son
action délétère sur les jeunes domestiques qui, en France et à
Paris surtout, quittent chaque soir le toit de leurs maîtres pour
aller passer la nuit, loin de toute surveillance, dans une
chambrette contiguë à celles de tous leurs camarades de la
même maison, hommes et femmes, naïfs ou roués. La gangrène
morale qui se répand là ne peut guère être comparée qu'à celle
qui se produit dans les grands ateliers, où les ouvrières sont
réunies pêle-mêle, les plus corrompues faisant l'éducation des
nouvelles arrivées, se plaisant à leur apprendre que le seul
moyen d'être heureux et riche consiste à se donner au plus
offrant, et joignant volontiers la pratique à la théorie. Si du
moins, en rentrant au foyer paternel, la jeune fille trouvait un
antidote capable de réagir contre le poison absorbé pendant la
journée ! Mais pour ceux qui connaissent les intérieurs des
ménages pauvres, surtout dans les grandes villes, la famille,
avec sa promiscuité nocturne presque complète, est une source
de plus de l'affaiblissement de la moralité chez la jeune fille.
Sans parler des parents proxénètes, ni des cas, plus nombreux
qu'on ne le croit en général, où le premier abusant d'une
enfant est son propre père un soir qu'il est rentré ivre, que
peut devenir la propreté morale d'une jeune fille, qui dort
chaque nuit dans la même chambre que ses frères, souvent
auprès de son père et de sa mère, et qui reçoit de ceux-ci des
leçons d'autant plus instructives sur l'intimité conjugale que

(1) Je ne crains pas d'employer le mot « néfaste » ; car, à mainte reprise,
j'ai pu constater *in anima vili* la véracité de mon dire et les ravages causés
par cette imagerie ordurière parmi les jeunes arrêtées de Saint-Lazare, que
je voyais comme avocat d'une société de bienfaisance.

le ménage est plus uni ? Cette enfant peut rester physiquement vierge, elle a perdu le sentiment de la pudeur, qui était, avec la crainte de l'inconnu, une des garanties les plus certaines de sa bonne conduite.

§ 2

L'espoir du lucre, qui est une des causes les plus fréquentes de la prostitution des adultes, n'est guère pour les mineures une cause *déterminante* de leur inconduite. L'amour du plaisir, la pensée de s'amuser sans avoir besoin de travailler, les engagent bien plus souvent à se livrer. La plupart ne sont ni assez soucieuses du lendemain pour songer à faire fortune, ni assez expérimentées pour se rendre compte de l'existence horrible qu'elles se réservent à l'expiration des plaisirs passagers dont l'espoir les étourdit. La misère, qu'il ne faut pas confondre avec le goût du lucre — misère résultant soit du chômage personnel, soit du manque d'ouvrage qui frappe le chef de la famille — est un stimulant plus efficace de la débauche. Encore son action ne se fera-t-elle sentir que subsidiairement, du moins en général. La mendicité, le vagabondage, seront d'abord tentés, à moins que, guettant le concours certain qu'il sait trouver dans le dénuement, le proxénétisme ne saisisse immédiatement l'enfant avant qu'elle ait passé par l'appel à la charité publique et la vie de la rue qui, eux aussi, mènent à l'inconduite. Le proxénétisme, voilà le facteur par excellence de la prostitution des mineures, mais ici encore quelle diversité dans ce métier hideux qui, pour un peu d'argent, ruine à jamais le corps et l'âme de la pauvre créature! Tantôt il apparaît sous la forme de l'ignoble souteneur qui fait métier de débaucher les fillettes pour mieux les exploiter ensuite, tantôt c'est l'amoureux véritable qui, n'ayant plus de quoi subvenir aux besoins du petit ménage, demande à la jeunesse de sa maîtresse le subside nécessaire à l'existence commune, et qui, sortant définitivement de la vie laborieuse menée jusque-là, trouve plus simple de vivre sans rien faire.

Dans ce cas, le mal est double : il y a une prostituée et un souteneur de plus.

Sont également des proxénètes, ces courtiers qui viennent demander aux familles pauvres leurs fillettes, souvent âgées de dix ans seulement, pour poser dans des ateliers d'artistes, vendre des fleurs ou faire leur partie dans un concert ambulant ; si le travail est nocturne, le salaire est double ! Les familles se doutent bien de ce qui attend ces enfants, mais la faim est là, qui leur fait accepter la honte, quand toutefois elles ont encore la force morale de l'éprouver. Ou bien, ces courtiers attendent aux gares des grandes villes ou des localités frontières les jeunes filles qui quittent les champs ou leur patrie pour aller gagner leur vie, et les conduisent dans des maisons malfamées, sous prétexte de leur procurer une position lucrative et honorable de bonne ou d'institutrice.

Nous n'en finirions pas, si nous voulions énumérer les mille et un déguisements que revêt le proxénétisme. Proxénète, cette patronne qui fait intentionnellement assister la jeune apprentie aux visites de telle élégante, parvenue à fortune par la vente quotidienne de ses charmes, et qui a soin d'expliquer à l'enfant qu'il n'y a qu'à se montrer aimable avec tel monsieur pour arriver à la même situation ! Proxénète, cette vieille dame aux airs vénérables, qui surveille la sortie des ateliers et cherche une victime à la fois facile et lucrative ! Proxénète, ce tenancier de bureau de placement, chez qui on trouve toujours de *bonnes* places ! Proxénète encore, bien qu'exempte d'esprit de lucre, cette mère de famille capable de tous les sacrifices pour épargner un souci à ses enfants, qui préfère voir son fils abuser d'une jeune bonne à son service, plutôt que de le laisser courir les alcôves publiques, et qui, lorsque la servante a cessé de plaire, cherche à s'en débarrasser en lui facilitant une liaison nouvelle !

§ 3

Si le proxénétisme est la cause déterminante par excellence de la prostitution juvénile, la paresse en motive presque toujours la persistance. Plus d'une, parmi les entraînées, regrette bientôt ce qu'elle a fait ; il n'y a pas d'expression plus cruellement menteuse que celles de *filles* de JOIE. Cependant l'effort à faire pour vivre de son corps est moindre que celui du travail régulier, et le gain est plus grand. Au labeur quotidien et pénible, la jeune prostituée préfère ses longues matinées de sommeil et sa journée oisive, coupée à peine par quelques heures consacrées à son triste métier. Combien de fois, au cours de mes visites à Saint-Lazare, une de ces enfants m'a-t-elle répondu : « Travailler, moi, gagner 1 fr. 50 ou 2 fr. en trimant du matin au soir ! Jamais de la vie ! J'aime mieux mener la vie, gagner mon louis tous les jours, aller au bal, m'amuser et me lever à l'heure qui me fait plaisir. » — Allez donc faire de la morale à ces enfants-là !

Ajoutez à cela que, chez les mineures, il y a je ne sais quel anéantissement de la volonté qui les laisse incapables de sortir de l'engrenage dans lequel elles sont prises. Chez l'adulte, le même phénomène existe ; cependant, il n'est pas rare qu'au bout d'un certain temps elle renonce d'elle-même à la vie qu'elle mène, et cette rédemption volontaire serait encore bien plus fréquente en France, si, dans la plupart des villes, des règlements de police ne maintenaient dans la geôle de la prostitution celles qui ont eu le malheur de s'y livrer temporairement.

Chez les mineures, tout effort pour réagir est paralysé ; elles ne comprennent pas le sort qui les attend, il leur faudrait quelques années de plus pour s'en rendre compte. Mais quand cet âge arrive, il est trop tard : la mort ou la police ont fait leur œuvre, la première, en la rayant du nombre des humains ; la seconde, en les inscrivant et les maintenant inscrites sur les registres de la prostitution patentée.

III

Peut-on opposer aux causes qui, de nos jours, prédisposent la mineure à la prostitution des moyens préventifs légaux ? — En principe, et sauf une exception qui sera signalée plus loin, on ne peut répondre que négativement à cette question. *Quid leges sine moribus vanæ proficiunt ?* Avant de chercher à modifier les lois en cette matière, il faut agir sur les mœurs actuelles pour faire désirer, par le plus grand nombre, une transformation qu'une minorité d'élite réclame seule pour l'instant. Pareille entreprise n'appartient qu'à l'action privée : améliorer la condition journalière de la femme; lui donner la liberté civile sans la jeter dans la licence ; faciliter le mariage aux jeunes filles pauvres en jetant à terre les nombreuses barrières sociales et légales qui en barrent l'accès (1); flétrir une littérature pornographique qui courbe les esprits juvéniles vers les choses basses et honteuses au lieu de les attirer vers les sujets élevés; modifier les conditions matérielles des classes les moins fortunées en leur donnant du jour et de l'espace, et en supprimant ces promiscuités déplorables qui transforment le sanctuaire de la famille en une école de fâcheux exemples; agir sur les patrons d'ateliers, leur montrer qu'il est de leur intérêt d'avoir de jeunes ouvrières dans leurs maisons, et non de petites coureuses; obtenir la séparation des mineures d'avec les chevronnées de l'inconduite; faire surveiller les ateliers au point de vue de la moralité aussi bien qu'au point de vue du du travail et de l'hygiène; confier cette surveillance, de préférence, à des inspectrices et en cas d'impossibilité à des inspecteurs assez consciencieux pour ne pas considérer les jeunes filles qu'ils ont sous leur surveillance comme des odalisques garnissant leur sérail : voilà ce que l'initiative privée peut faire, et du moment qu'elle le peut, elle le doit. On parle partout d'amélioration matérielle de la condition des ouvrières,

---

(1) Quand on parle de marier de très jeunes gens, on se heurte toujours à cette objection : et le service militaire ? — Pourquoi le conscrit marié ne bénéficierait-il pas du droit de ne faire qu'un an de service militaire ? — Mais, me dira-t-on, ils se marieraient tous, sauf à divorcer au lendemain de leur libération ! — L'objection m'effraie peu ; on pourrait décider, en effet, que le soldat libéré *matrimonii causa* serait repris et obligé de parfaire ses trois ans, si, avant l'âge de 35 ans, il venait à quitter sa femme et ses enfants, soit que celle-ci fût abandonnée par lui, soit qu'elle obtînt le divorce pour l'inconduite, la brutalité ou l'ivrognerie de son mari. Il n'y aurait aucun inconvénient au point de vue social à marier ces jeunes gens puisqu'en fait ils dépensent leur virilité comme s'ils étaient mariés, et on aurait l'avantage de maintenir auprès de leur femme et de leurs enfants beaucoup d'hommes qui n'hésitent pas à les quitter pour échapper aux charges sociales.

mais ce ne serait là qu'une duperie, s'il n'y avait corrélativement amélioration de leur situation morale.

Les moyens de réaliser le programme moral brièvement analysé ci-dessus ne manquent pas. Outre l'action individuelle, souvent difficile à exercer et exigeant toujours beaucoup de tact et d'expérience, j'aimerais à voir utiliser les procédés mèmes dont le vice se sert pour recruter ses adhérents : le journal, le livre, le théâtre, et même la conférence. La littérature, il est vrai, n'a guère su jusqu'ici être morale sans être atrocement ennuyeuse, mais j'estime que le talent de nos littérateurs est assez grand pour n'avoir pas besoin du repoussoir de la pornographie pour éclater dans toute sa beauté; au surplus, je ne demande pas à nos publicistes d'être les apôtres constants de la vertu, je les prie seulement de ne pas se complaire uniquement dans les sujets malpropres qui, sans élever l'écrivain, dégradent le lecteur. Il y a là une expérience à tenter, mais à laquelle il ne faudrait pas se livrer sans y apporter une certaine persévérance : les estomacs habitués aux aliments épicés ne s'accommodent pas du premier jour à un régime plus doux.

On comprend que la loi, dont l'action tend plutôt à la répression qu'à l'encouragement, ne pourrait guère édicter notre programme ; il est un endroit cependant, où l'on pourrait, je crois, essayer d'une action préventive directe de la loi : l'école. L'enseignement moral, trop aisément confondu avec l'instruction religieuse avec laquelle il a de nombreux points de contact, n'occupe pas sa vraie place dans l'école actuelle : les sciences exactes lui font une concurrence fâcheuse, et pourtant un honnête ouvrier préfère rencontrer dans la femme qu'il épouse une créature honorable plutôt qu'une mathématicienne ou une astronome. Il conviendrait donc de faire enfin reprendre à la morale la place à l'école qu'elle n'aurait jamais dû perdre, et qui devait lui être conservée, si j'en crois les programmes scolaires eux-mêmes, et les beaux travaux d'hommes particulièrement autorisés, tels que MM. les inspecteurs de l'Enseignement primaire, F. Pécaut et J. Steeg. Le personnel très distingué et très dévoué qui dirige nos écoles aurait certainement toutes les aptitudes voulues pour donner cet enseignement.

IV

En ce qui concerne les causes *déterminantes* de la prostitution, les moyens préventifs ne manquent pas. On doit les demander à l'initiative privée et à la loi, et surtout au concours intelligent de ces deux facteurs. Il s'agit, on s'en souvient, de combattre les exhortations funestes de la misère et celles plus dangereuses encore du proxénétisme.

L'initiative individuelle, — qui est toujours la plus efficace, parce qu'elle est la plus intéressée moralement, — ne sera cependant que rarement utilisée ici ; elle peut être périlleuse pour celui qui s'y livre ; un homme, — même une femme, — qui chercherait à lutter directement contre le proxénétisme, en offrant son aide morale et matérielle aux victimes de ce monstre social, ne tarderait pas à être exposé aux accusations les plus perfides ; sa générosité serait vite incriminée, et il suffirait souvent d'un mot d'une gamine hystérique quelconque pour le faire passer aux yeux de beaucoup de gens pour un hypocrite cachant sous les dehors de la philanthropie le moyen de satisfaire ses plus vilains appétits. De plus, ce genre de concours moral suppose une action persistante et durable, qu'un particulier, exposé à toutes les vicissitudes de l'existence, peut rarement garantir.

C'est donc au patronage collectif, ou à la société de patronage, qu'il faut recourir pour remédier *préventivement* à la prostitution des mineures. Nous voudrions voir ces sociétés, dont tous les gens de bien encouragent et admirent les efforts pour ramener au bien les jeunes prostituées après leur chute, lutter en quelque sorte de vitesse avec le mal qu'elles combattent et lui ravir ses victimes, avant même qu'il ait pu s'en emparer.

Pour cela, que faire ? C'est ici que le Congrès de 1895 n'a pas suffisamment insisté sur la première branche de la question qui lui était posée ; il parle d'écoles de réforme, d'asiles, de refuges ou d'autres établissements du même genre destinés aux jeunes filles mineures qui ont commis des fautes contre les mœurs ; il prévoit toujours le cas où la faute a été commise, et non le moyen d'éviter qu'elle se commette ; il pense surtout aux orphelins et aux abandonnés, et il oublie qu'il y a une foule d'enfants ayant père et mère, mais qui n'en sont pas moins exposées à tous les dangers de la prostitution. Je ne demande pas qu'on supprime les établissements existant aujourd'hui, mais pourquoi ne pas créer des établissements de patronage moral, comme ceux dont nous allons expliquer la raison d'être et le mécanisme, et qui prêteraient aux jeunes apprenties et aux ouvrières la même sorte de protection que celle qui est fournie aux orphelines à l'heure du placement en liberté, et qui en empêche tant de « mal tourner » comme on dit vulgairement? Nous voudrions voir se multiplier les sociétés de patronage, et qu'il s'en créât, non seulement dans tous les quartiers des grandes villes, mais encore dans les localités moins peuplées, et surtout dans les centres industriels. Le rôle de ces patronages serait essentiellement de suppléer à l'égard de la jeune fille à l'insuffisance de la famille.

Pour bien se conduire comme pour bien se porter, il faut donner satisfaction aux diverses aspirations de la personnalité humaine ; à côté des obligations sévères de la vie, la jeune fille doit rencontrer un certain nombre de distractions honnêtes. Si elle en est privée, soit par la misère, soit par un rigorisme exagéré, elle est d'autant plus exposée aux tentations du vice, ou aux promesses alléchantes du proxénétisme. Je voudrais donc voir fonctionner des sociétés de dames qui s'adresseraient surtout à la jeune fille pauvre, — à celle qui ne peut être l'objet de la sollicitude continuelle d'une tendre mère, — à l'âge où elle sort de l'école pour entrer en condition ou à l'atelier. Ces sociétés, cercles, plutôt qu'internats, s'occuperaient dès lors de cette enfant et chercheraient avant tout à lui procurer aux jours de repos les distractions de son âge : promenades, réunions, spectacles à sa portée, musique, chœurs, etc... A l'occasion, on la ferait travailler pour de plus pauvres qu'elle, pour lui faire apprécier cette charité dont elle bénéficie elle-même ; des lectures attrayantes, c'est-à-dire prises dans des livres qui enseignent le vrai, le beau et le bien, sans en avoir l'air, distrairaient la jeune fille au cours de son travail charitable ; des conférences intelligemment préparées pourraient tendre au même but. Des dames, — le cœur d'une femme seul contient les trésors de tendresse que je voudrais voir dépenser ici, —

s'occuperaient activement de ces réunions ; elles y apporteraient l'exemple de leurs vertus dépouillées de toute exagération affectée ; les exhortations à la morale pratique résulteraient continuellement de leurs actes et le moins possible de discours par elles préparés. Elles enseigneraient à leur pupille, sans qu'il y parût en quelque sorte, le but de la vie d'une femme ; loin de lui en cacher les dangers, elles les lui signaleraient pour la mettre en garde ; elles montreraientqu'à côté de la lutte pénible pour la vie, il y a aussi les joies réservées à la femme, la grandeur du titre d'épouse, la noblesse de la maternité : l'enfant qui, la veille, jouait à la poupée, comprendrait rapidement quelles satisfactions plus grandes peut procurer la présence d'un bébé vivant. En même temps, les dames patronesses lui feraient comprendre que pour mériter ces plaisirs de la vie intime, il est indispensable de ne pas s'en être rendue indigne par son inconduite avant le mariage. Enfin, elles n'hésiteraient pas, quand une jeune fille serait en âge d'épouser quelque brave garçon, à lui faciliter cette union. Abattre les obstacles matériels qui empêchent tant de mariages dans le peuple, briser la résistance de parents qui souvent veulent conserver leurs enfants afin qu'ils travaillent pour la famille, signaler à la jeune patronée qu'en dehors du mariage ou de la vie régulière, il n'y a pour elle ni honneur ni chance sérieuse de bonheur durable, voilà, dans ses grandes lignes, le programme des sociétés souhaitées.

Bien plus, l'action des dames patronesses serait si cordiale, si imprégnée de réelle sympathie, que peu à peu les bienfaitrices inspireraient à leurs protégées une sincère affection et une absolue confiance ; l'enfant s'habituerait peu à peu à considérer ses protectrices comme autant de mères pleines de tendresse, chez lesquelles elle serait toujours sûre de trouver aide et soutien, même en cas de faute (1). De même, et sans que cela dût exposer l'œuvre charitable à de bien gros frais, cette œuvre devrait fournir directement ou indirectement un asile et, moyennant un léger travail, un modeste salaire, au cas où la

(1) Beaucoup de jeunes filles tombent dans la prostitution, parce qu'après une première chute, elles n'osent plus reparaître, soit au domicile paternel, soit dans les maisons honorables où on les a connues.

jeune fille serait chassée du domicile paternel par l'inconduite de ses parents, leurs violences ou leurs misères ; ou bien, au cas où elle se trouverait exposée à tous les dangers du chômage.

Utopie, dira-t-on. — Pourquoi ? De nombreux refuges fonctionnent pour le relèvement moral des jeunes prostituées. Ne serait-il pas tout aussi facile et certainement plus pratique d'en utiliser quelques-uns pour prévenir le mal, au lieu de n'y avoir recours qu'une fois le mal accompli ? Il est très difficile — certains prétendent impossible — de ramener à une existence absolument régulière la jeune fille qui a vécu de prostitution ; pourquoi ne pas tenter de l'empêcher de vivre, même un jour, de sa débauche ? Déjà d'ailleurs, des tentatives ont été faites en ce sens ; en Suède notamment et en Angleterre, elles ont donné de bons résultats, qui eussent été encore meilleurs si, plus généralisées, elles avaient pu protéger toutes les malheureuses pour qui elles ont été créées (1).

L'Etat ne pourrait pas créer des œuvres de ce genre ; la loi réprime le mal, elle ne le prévient que par la menace de la répression ; son action s'arrête là.

Toutefois les pouvoirs publics pourraient, soit par des subventions en argent, soit par des appuis moraux, faciliter et encourager l'œuvre aisément décourageante des patronages privés : l'un de ces appuis consisterait notamment dans le fait de pouvoir dénoncer et faire poursuivre par les *juridictions compétentes* le proxénétisme, soit qu'il s'agît du délit accompli, soit qu'il n'y eût que des tentatives d'excitation de mineures à la débauche ; les dames patronesses, en contact fréquent avec

(1) Qu'on me permette ici une courte réponse à quelques honorables dames qui essayent d'implanter ce système en France : « Mais, disent-elles, nos pupilles ne sont pas des prostituées ; ce sont d'honnêtes fillettes qui demeurent telles. » — C'est précisément parce qu'avec le système tenté *d'honnêtes fillettes restent telles*, alors que sans le secours du patronage préventif elles seraient très probablement tombées dans le vice, que je voudrais voir généraliser la chose. Si le mot répugne, qu'on ne parle pas de patronages préventifs contre la prostitution des mineures, qu'on se serve d'un vocable différent, qu'on qualifie ces institutions d'entreprises destinées à occuper honnêtement les loisirs des jeunes filles : peu m'importe le titre, pourvu que le résultat soit atteint, non seulement pour quelques privilégiées, mais encore pour l'ensemble des enfants exposées aux séductions de la débauche !

la jeunesse laborieuse, seraient immédiatement, et bien plus sûrement que l'autorité publique, informées des méfaits du proxénétisme et surtout de ses efforts pour recruter de jeunes adhérentes. Il va de soi, du reste, que les autorités compétentes recevraient avec bienveillance les plaintes des sociétés de patronage, mais qu'elles ne poursuivraient qu'autant que l'accusation leur paraîtrait justifiée par des preuves suffisantes. C'est, en effet, une matière très délicate que celle de la répression des délits contre les mœurs; et c'est précisément pour cela que le rôle d'informateur des pouvoirs judiciaires serait rempli avec beaucoup plus de tact et d'autorité par des sociétés de ce genre que par des agents subalternes de la police, exposés tantôt à commettre de grosses erreurs, tantôt à obéir aux séductions les plus variées de la part des misérables qu'ils ont mission de poursuivre.

Nous en venons ainsi à examiner le rôle direct et répressif de la loi en matière de proxénétisme, et, ce faisant, nous continuons à étudier les moyens de prévenir la prostitution des mineures; car menacer de peines graves ceux qui favorisent cette débauche, c'est chercher à les détourner de leur honteux trafic.

Le projet de loi belge frappe de peines beaucoup plus rigoureuses que celles qui sont généralement édictées par les autres législations les délits qui nous préoccupent; il remplace par la réclusion la peine de prison dans la plupart des cas où celle-ci était jusqu'alors prescrite. Cette aggravation est inutile. A quoi bon des lois draconiennes, si leur sévérité même fait hésiter le juge devant leur application ? Avec quelques modifications légères, la législation française offre à ce point de vue des garanties de répression suffisantes (1). Ce qu'il faut, c'est,

(1) Code pénal, art. 334 : « Quiconque aura attenté aux mœurs, en excitant favorisant, ou facilitant habituellement la débauche ou la corruption de la jeunesse de l'un ou de l'autre sexe, au-dessous de l'âge de 21 ans, sera puni d'un emprisonnement de six mois à deux ans, et d'une amende de 50 à 500 francs. Si la prostitution ou la corruption a été excitée, favorisée ou facilitée par leurs père, mère, tuteur ou autre personne chargée de leur surveillance. la peine sera de deux à cinq ans d'emprisonnement et de 300 fr. à 1.000 fr. d'amende. »

Art. 335 : « Les coupables du délit mentionné au précédent article seront interdits de toute tutelle et curatelle, et de toute participation aux conseils de

une fois la preuve du délit faite, que le juge applique la loi sans faiblesse et sans trouver dans les éléments de la cause des circonstances atténuantes qui n'ont, en général, d'autre origine que le désir du magistrat de ne pas paraître trop rigoureux; c'est justement, pour que pareille faiblesse judiciaire ne puisse plus être formulée, qu'il faut repousser toute modification de la loi dans le sens de pénalités plus fortes.

Cependant un léger changement dans le texte de l'art. 334 du Code pénal me paraîtrait utile : actuellement, le proxénétisme est un délit d'habitude ; le fait d'avoir en pleine connaissance de cause excité une seule fois une jeune fille à la débauche ne constitue pas un délit ; il faut pour qu'il soit punissable que l'acte ait été répété par l'agent coupable, et soit devenu une *habitude*. J'avoue ne pas comprendre cette exigence du législateur. A-t-elle pour but d'empêcher que, sur la simple déclaration d'une jeune fille, un homme, honorable d'ailleurs, puisse être poursuivi pour proxénétisme? Piètre motif, car il est facile à une dénonciatrice de mauvaise foi de parler d'excitations répétées à la débauche, alors qu'en réalité l'auteur ne s'en serait rendu coupable qu'une seule fois, ou même serait absolument innocent. Aussi pourquoi ne le dirait-on pas dans la loi ? — Le juge ne doit jamais admettre comme prouvé le délit qui nous occupe, si la preuve ne repose que sur le témoignage de la petite victime : l'expérience démontre, en effet, que très souvent, et pour les causes les plus variées, les jeunes

famille, savoir : les individus auxquels s'applique le premier § de cet article pendant deux ans au moins et cinq ans au plus, et ceux dont il est parlé au second § pendant dix ans au moins et vingt ans au plus. — Si le délit a été commis par le père ou la mère, le coupable sera, de plus, privé des droits et avantages à lui accordés sur la personne et les biens de l'enfant, par le Code civil, livre I, tit. IX de la puissance paternelle. — Dans tous les cas les coupables pourront, de plus, être mis par l'arrêt et le jugement sous la surveillance de la haute police, en observant pour la durée de la surveillance, ce qui vient d'être établi pour la durée de l'interdiction mentionnée au présent article. ».

La surveillance de la haute police a été remplacée en France par la faculté pour le tribunal d'ordonner que le condamné pourra, à l'expiration de sa peine, se voir interdire le droit de résider dans certaines villes où sa présence paraîtrait dangereuse.

prostituées lancent contre des tiers qui ne leur ont fait aucun mal les accusations les plus odieuses, ourdies dans leurs imaginations exaltées. Dès lors, étant admis que la preuve du forfait sera demandée non seulement à la victime, mais encore à des démonstrations externes, pourquoi exiger l'habitude comme un des éléments indispensables du proxénétisme ? N'oublions pas, en effet, qu'il s'agit ici de mineures selon la loi pénale, qui portent leur acte de naissance sur leur visage, et que certainement le proxénète n'a pas pu se tromper sur l'âge des victimes. Du moment qu'il a sciemment fait son triste métier, ne fût-ce qu'une fois, il doit être puni.

Il est une catégorie de proxénètes, auxquels il conviendrait surtout d'appliquer la loi avec rigueur et persistance : les souteneurs. En France, une loi de 1885 visant spécialement ces individus les frappe de peines graves, pour le seul fait d'avoir tiré leurs moyens d'existence du produit de la prostitution (d'adultes ou de mineures) sur la voie publique. Cette loi rencontre dans la pratique des difficultés d'application très grandes ; depuis qu'elle existe, on ne poursuit pour ainsi dire plus le souteneur au nom de l'article 334 du Code pénal, sous lequel cependant il tombe encore très souvent. C'est fâcheux ; il serait bon de rappeler aux autorités judiciaires que l'arme du Code pénal ne leur a pas été enlevée des mains ; celui qui bénéficie de la prostitution d'une mineure, selon la loi pénale, excite cette mineure à la débauche, et peu importe qu'il ait un autre métier, — honnête si l'on veut, — à sa disposition : le seul fait de profiter de la prostitution, même d'une maîtresse, du moment qu'elle est mineure, fait tomber le bénéficiaire sous le coup de l'article 334. Une seule condition peut être exigée de l'accusation : la preuve que l'amant connaissait l'origine honteuse de l'argent que lui a donné sa maîtresse ; cela établi, même s'il a un métier apparent le mettant à l'abri des rigueurs de la loi de 1885, le souteneur d'une mineure tombe sous le coup de l'article 334 du Code pénal. Si cette application en était faite dans les grandes villes, et notamment à Paris, l'excitation à la débauche des mineures, dans les termes de la loi pénale, serait du même coup entravée : on ne se doute pas du nombre de jeunes ouvriers qui ont pour maîtresses des apprenties où bien des ouvrières de leur âge et qui s'habituent à recevoir d'elles des subsides prélevés d'abord sur le salaire, puis, le chômage aidant, sur le produit de la prostitution de ces créatures. Ce ne sont pas là, j'en conviens, des souteneurs dans le sens le plus usuel du mot, ce ne sont que des apprentis dans cette triste profession ; mais pour quiconque a étudié ces douloureux problèmes sur le vif, le jeune homme, qui a pris l'habitude de vivre aux dépens d'une prostituée, continuera à tirer ses ressources de cet ignoble, mais peu fatigant métier. Or, s'il sait qu'en vivant de l'infamie de sa maîtresse, le jeune ouvrier se voit exposé, même en travaillant encore pour la forme, à tomber sous le coup d'une sérieuse répression, on le verra hésiter à délaisser son labeur régulier, et surtout (ce qui est le but à atteindre) à lancer de nouvelles victimes dans la mauvaise voie pour se procurer de faciles moyens d'existence.

En ce qui concerne les proxénètes publics ou clandestins, qui travaillent en grand, la même loi trouverait une utile application, pourvu qu'on en poursuivît l'exécution toutes les fois que l'occasion s'en présenterait ; autrement il serait inutile de réformer la loi, c'est aux parquets à ne pas montrer une indifférence regrettable. Jamais, sans doute, aucun de ceux-ci n'a montré une bienveillance coupable envers des tenanciers de maisons mal famées, mais trop souvent on a vu l'action publique paralysée par la crainte d'un scandale susceptible de rejaillir sur quelque personnalité en vue, du monde politique, administratif ou militaire. C'est là un tort. J'admets à la rigueur qu'en pareil cas le magistrat use d'avertissements : presque toujours en effet, dans de telles affaires, avant d'avoir la preuve du scandale manifeste et punissable pénalement, le ministère public est informé des goûts immoraux de tel ou tel personnage ; il n'y a alors que des présomptions, mais non un délit pouvant justifier une poursuite ; que, dans cette hypothèse, le parquet avertisse officieusement le délinquant éventuel du fait qu'on a l'œil sur lui et qu'à sa première incartade il est menacé d'un esclandre, je n'y verrais aucun mal ; cette procédure officieuse présenterait même un double avantage ; elle pourrait empêcher d'éclater quelque scandale toujours regrettable ; elle mettrait un terme à bien des commencements d'habitude de débauche, et

par suite à bon nombre d'excitations de mineures à l'inconduite:
sûr de tomber sous le coup de la loi, le client riche des entre-
metteurs hésiterait à persister dans ses coupables errements.
Mais, hors ce cas très fréquent dans la pratique, que le parquet
n'hésite pas à poursuivre la répression du délit d'excitation de
mineures à la prostitution, avec la plus grande énergie, non
seulement contre les proxènètes de profession, mais encore
contre leur clientèle !

C'est là, dira-t-on, le bouleversement de tout ce qui se passe
actuellement ; aujourd'hui, une jurisprudence constante et
définitivement assise, après une controverse célèbre, exonère
de toute peine l'homme qui a des relations avec une enfant,
pourvu qu'elle ait plus de treize ans, qu'elle ait eu seule des
rapports avec lui et que son séducteur ne puisse pas être
considéré comme le complice d'un entremetteur à gages.

J'avoue ne pas comprendre cette jurisprudence, et je n'en
saisis pas l'esprit. Ni en fait, ni en morale, ni d'après la lettre
même de la loi, cette interprétation ne se justifie, et, à part de
rares exceptions, elle assure l'impunité au client habituel des
maisons où se fait le trafic des mineures : il est bien évident
en effet que, soit dans l'espérance de conserver des protecteurs
en dehors de la prison, soit pour ne pas perdre de généreux
clients avec lesquels il pourra encore réaliser de jolis bénéfices
après sa peine, le proxénète ne dénoncera pas ses complices
dont les jeunes filles ne sauront pas le vrai nom. On a dit
souvent que, s'il n'y avait pas de recéleurs, il n'y aurait pas de
voleurs ; nous pouvons dire ici : s'il n'y avait pas de riches
débauchés, il n'y aurait pas de proxénètes.

En résumé, surveillance active, par des sociétés de patronage
spéciales, des jeunes filles pour les empêcher de tomber, —
concours de ces sociétés et du parquet pour dénoncer et « poursuivre le proxénétisme; — suppression de la nécessité de l'habitude » pour constituer le délit de l'art. 334 du Code Pénal ; — application énergique de cet article aux proxénètes et à celui qui
encourage les jeunes filles à l'inconduite pour la satisfaction de
ses passions personnelles : tels sont les moyens à la fois préventifs et répressifs à employer contre la prostitution juvénile.
Est-ce à dire que celle-ci se trouvera complètement tarie dans

sa source ? Non assurément, bien qu'une grande amélioration sur l'état de choses actuel résulterait de l'application stricte de ce programme. Malgré tout, il existerait encore de jeunes prostituées contre lesquelles il conviendrait, dans leur intérêt même, de prendre des mesures coercitives et correctives qu'il nous reste à examiner.

V

Voici une jeune prostituée de quatorze ou quinze ans ; soit qu'elle n'ait pas été soumise à l'action protectrice de la société de patronage préventif, soit qu'elle ait mal compris les salutaires conseils qu'elle a dû y recevoir, elle est tombée dans une vie abjecte, elle est arrêtée. Juridiquement, dans l'état actuel de notre législation, elle échappe à l'application de la loi, car la prostitution n'est pas un délit.

Cependant, depuis quelques années, nombre de tribunaux français appliquent à cette jeune débauchée les lois sur le vagabondage, l'acquittent comme ayant agi sans discernement et l'envoient dans une maison de correction pour y être élevée jusqu'à sa vingtième année. C'est là, pour nous servir de l'expression même du très distingué conseiller à la Cour d'appel de Paris, qui a été le propagateur infatigable et dévoué de cette jurisprudence, « un pieux mensonge ». Bien qu'en fait une pareille solution vaille mieux, et pour l'enfant, et pour la société, que la libération pure et simple (c'est-à-dire la remise dans la rue) de la petite prévenue, elle constitue un système trois fois mauvais : d'abord, il est toujours regrettable de commettre, même pieusement, un mensonge en justice, car c'est ouvrir la porte à l'arbitraire qui doit toujours être banni du prétoire ; puis il peuple très malencontreusement les maisons de correction d'une légion de petites rôdeuses de barrières ou de carrefours, qui exercent l'influence la plus fâcheuse sur leurs jeunes compagnes, détenues pour des délits ordinaires. Mme Dupuy, l'honorable inspectrice générale des prisons, s'est fait souvent l'écho des plaintes de l'administration pénitentiaire à ce point de vue. Enfin il est absolument anti-juridique de juger vagabonde, c'est-à-dire sans domicile ni moyens d'existence, une

fillette qui a presque toujours un local où passer la nuit (souvent même le domicile de sa famille) et qui tire des ressources
de son propre corps : on pourrait accumuler les arguments
dans cet ordre d'idées. N'oublions pas, en effet, que si l'on ne
dénaturait pas le fait de prostitution pour appréhender la
mineure, celle-ci ne pourrait pas être envoyée en correction ;
cette dernière mesure n'est applicable qu'aux mineures de
seize ans, convaincues, bien qu'acquittées, d'avoir commis
sans discernement un *délit* punissable selon la loi pénale,
s'il émanait d'une personne adulte. On conviendra aisément
qu'il y a dès lors et juridiquement une certaine inconséquence
à corriger comme une coupable inconsciente la jeune fille qui,
si elle avait été plus âgée de quelques mois ou de quelques
années, n'aurait commis aucun délit, ni pu subir aucune peine.
Il vaudrait infiniment mieux réformer franchement la loi, et
tout en admettant que la prostitution ne constitue pas un délit,
reconnaître que l'intérêt des jeunes filles, celui de la société et
de la morale, nécessite, vu leur âge, des mesures de *protection
spéciale*, et une procédure particulière dont nous allons tâcher
d'établir les grandes lignes.

Immédiatement après l'arrestation de la mineure, — arrestation motivée, soit par suite de prostitution exercée sur la voie
publique, soit par une dénonciation sérieuse, de se livrer à
tout venant, — l'intéressée serait placée en état d'isolement ;
un juge d'instruction, toujours le même pour toutes les questions de ce genre, procéderait à une enquête minutieuse sur
l'existence de l'enfant, ses antécédents, la situation de sa
famille, ses relations, etc...; il attirerait immédiatement sur
elle l'attention d'une société de patronage, spéciale aux prostituées convaincues d'inconduite et bien différente dès lors des
sociétés analogues dont nous avons parlé jusqu'à présent ; il
importe, en effet, de ne jamais mêler les filles ayant déjà vécu
de débauche avec celles sur lesquelles l'action préventive peut
encore avoir de l'effet. Cette nouvelle société étudierait également
l'enfant, et ferait son rapport au magistrat sur ses recherches
concernant le passé de la jeune arrêtée ; celle-ci, en effet, hésite
moins, l'expérience le prouve, à faire ses tristes confidences à
des personnes qui s'intéressent à elle, surtout à l'avocat, qu'au

magistrat chargé de l'instruction de son affaire ; on examine-
rait l'enfant, au triple point de vue moral, matériel et physique. Les faits démontrent que, sur vingt mineures de *seize ans*
arrêtées pour inconduite, dix-neuf en moyenne sont atteintes
d'affections spécifiques plus ou moins graves, dues à leur triste
métier ; leur guérison demanderait des soins momentanés,
moins longs assurément que ceux nécessités par un grand
nombre de ces malheureuses prédisposées à se mal conduire
par suite de tares physiques, parmi lesquelles l'alcoolisme des
parents ou de quelqu'ancêtre rapproché joue le plus grand
rôle.

L'honorable M. Guillot, dont les efforts en la matière qui
nous occupe ont été si grands, avait créé une formule de ques-
tionnaire adopté par le parquet de la Seine et publié dans le
Bulletin de la Société générale des prisons ; il suffirait de généraliser l'emploi de cette formule et de veiller à ce que les
réponses qui y seraient faites fussent toujours rédigées par des
agents consciencieux et scrupuleux.

Le dossier, complètement rempli, serait transmis à la
juridiction civile, statuant en chambre du conseil, ou tout au
moins à huis-clos ; on préfère la juridiction civile à la juridiction
correctionnelle, parce que ce n'est pas une peine qu'il s'agit de
prononcer, mais une mesure de sauvegarde morale qu'il faut
prendre. Le juge civil, compétent en matière de correction
paternelle, d'interdiction, de nomination de conseil judiciaire,
de déchéance paternelle, aurait logiquement son rôle ici tout
tracé. L'enfant assisterait à l'audience, assistée d'un conseil, la
société de patronage serait représentée par son avocat. Le
Tribunal, après examen approfondi du dossier sur le rapport
fait par un de ses membres autre que le Président, prendrait
une des décisions suivantes : ou bien il rendrait purement et
simplement l'enfant à sa famille, si celle-ci présentait des
garanties indiscutables d'honorabilité et avait des ressources
matérielles suffisantes ; car lorsqu'une jeune fille a fait un
premier faux pas, il ne suffit pas que la famille soit parfaite-
ment respectable pour qu'on lui rende son enfant, il faut
encore qu'elle *puisse* matériellement protéger la jeune défail-
lante contre une rechute ; ou bien le Tribunal confierait l'inté-

ressée à l'Etat, pour être élevée par les soins de celui-ci jusqu'à sa majorité civile. Jamais on ne remettrait directement l'enfant à la société de patronage ; celle-ci se bornerait à prendre l'engagement de continuer à suivre et à surveiller la jeune fille, soit au sein de la famille, soit pendant son séjour dans les maisons de l'Etat, de façon à lui faciliter le retour à la vie régulière, à l'heure de la libération définitive ou provisoire, dont il sera question plus loin.

Ce qu'il importe avant tout, et pour l'intéressée, et pour les magistrats eux-mêmes, souvent effrayés à l'idée de prononcer une longne peine ou un envoi prolongé en correction, qui ne diffère de la peine que par le titre et au point de vue du casier judiciaire, c'est d'écarter toute pensée répressive, toute analogie avec un séjour en prison pendant de longues années ; le tribunal ne doit avoir en vue qu'un système d'éducation à ordonner, et c'est pour cela qu'après avoir demandé qu'on ne parlât pas ici de juridiction répressive, nous tenons maintenant à ce qu'on évite tout ce qui pourrait assimiler la petite prostituée à des détenues adultes ou mineures pour délit de droit commun. C'est utile et c'est juste, car en somme la petite prostituée n'a causé aucun préjudice direct à la société, et voilà pourquoi il faudrait aussi qualifier différemment la maison où son éducation serait redressée et les établissements pénitentiaires de correction ordinaire. Quant au titre, peu importe ! Peu importe également de savoir si cette catégorie d'enfants doit être confiée aux services de l'administration pénitentiaire, de l'assistance publique, du ministère de la justice, ou bien du ministère de l'instruction publique ! Ce sont là des rivalités de bureaux d'un ordre très secondaire ; quel que soit le service chargé de ce travail d'amendement, je sais qu'il tiendra à honneur de s'en acquitter le mieux possible, et cela me suffit.

VI

La tâche de la justice est terminée, celle du relèvement commence. Insistons spécialement sur le régime de la maison de réforme, où l'on aura la tâche toujours pénible, et le plus souvent (il faut bien le reconnaître, hélas !) ingrate de ramener à la bonne voie, les brebis égarées. Qu'on le remarque bien : grâce aux procédés ci-dessus indiqués, on aura déjà diminué, nous l'espérons du moins, dans une forte mesure le nombre des petites malheureuses qu'on voit aujourd'hui tomber dans la prostitution, à leur sortie même de l'école. Nous serons donc en face d'enfants d'une perversité ou d'une faiblesse de caractère extrêmes, sur lesquelles bons conseils et bons exemples seront restés sans effet ; il faudra dès lors les soumettre à un régime tout particulier, si l'on veut encore, malgré toutes les difficultés ambiantes, les arracher à leur triste genre de vie. On doit envisager ce régime au triple point de vue physique, intellectuel et moral.

Le travail est le grand agent de régénérescence physique ; accompli au grand air, il conviendra particulièrement à ces fillettes, prédisposées à la prostitution, qui n'est qu'une variante du vagabondage à l'usage du sexe faible. Le travail à l'atelier constitue une punition pour ce genre de femmes-là ; il présenterait d'ailleurs, par le rapprochement même qu'il nécessiterait avec des ouvrières particulièrement vicieuses , un danger réel ; toute faculté de conversation, même chuchotée, ou d'attouchements quelconques peut ici devenir une occasion de contagion morale ; c'est pourquoi, si l'on doit recourir à des travaux en atelier, qu'on prenne toute mesure pour obvier à ce péril.

L'enfance, quelque coupable qu'elle soit, a besoin de jeux, permettez-les ; mais, toujours dans le même ordre d'idées, n'admettez que les jeux faciles à surveiller ; peu importe que ces distractions soient bruyantes ; vous n'avez pas à élever des jeunes filles pour en faire l'ornement d'un salon ; à ces gamines aux goûts exubérants, donnez un exutoire en les laissant se livrer à des travaux, à des exercices physiques, fatigants, violents même au besoin. — Ce travail et ces jeux, qui demandent l'existence de jour en commun, ne viendront qu'au bout de quelque temps d'isolement continu, auquel la jeune fille sera soumise pour lui permettre de mieux comprendre l'agrément de la vie en plein air, au milieu de ses compagnes, ainsi que de craindre, comme la pire des punitions, le retour à la cellule; pendant ce temps, elle pourra aussi se replier sur elle-même et faire de salutaires réflexions sur son inconduite passée. Quant à l'isolement nocturne, il n'est pas utile d'en signaler la nécessité absolue et constante pour ces jeunes pensionnaires.

Il est un point beaucoup trop négligé dans l'état de choses actuel : la plupart des filles prématurément débauchées sont des détraquées à l'imagination morbide; ce sont des malades, ravagées par les conséquences de l'alcoolisme de leurs auteurs, et d'autres tares analogues ; il faudrait les soumettre à un régime médical approprié à leur idiosyncrasie, mais il faudrait aussi que les médecins de ces établissements eussent, non seulement la capacité scientifique, mais encore à leur portée les moyens matériels pour empêcher les troubles nerveux et mentaux, auxquels ils auraient à porter remède, d'avoir leur funeste action sur l'organisme tout entier de ces pauvres créatures ; il ne suffit pas de provoquer chez celles-ci un réveil de la volonté saine, il faut leur donner en même temps, une organisation physique indispensable au maintien de leur volonté ; en somme on est en présence de malades aussi bien physiquement que moralement, il faut les guérir à ce double point de vue.

L'hygiène physique, et la nécessité d'installer des infirmeries bien organisées et dirigées par des hommes capables (1), ne devraient pas faire négliger la guérison morale. Ces filles sont en général plus bornées qu'inintelligentes : leur imagination porte à faux, elle n'est pas absente, tant s'en faut. Il faudrait alimenter et diriger ce besoin de merveilleux qui existe chez la femme en général, et chez les jeunes débauchées en particulier. Il n'y a rien de dangereux comme de vouloir endormir la faculté créatrice de l'âme. Cette faculté sommeille quelquefois, elle ne s'anesthésie jamais complètement et il suffit quelquefois d'une heure de réflexions ardentes pour détruire l'effet de plusieurs années de culture morale et de continuelles leçons. Le meilleur moyen d'endiguer ce fleuve impétueux de l'imagination est de le faire couler sur un sol à la fois attrayant et assainissant : des lectures bien choisies et surtout amusantes, faisant de la morale

---

(1) Des doctoresses en médecine rempliraient très heureusement ce rôle, toujours assez délicat, vu la nature de leurs clientes, pour des hommes.

en action plutôt qu'en théorie, produiraient à cet égard les effets les plus heureux.

De même en ce qui concerne la morale proprement dite : sans doute il faudrait l'enseigner à ces jeunes dévoyées, mais comment dirai-je ? Je voudrais qu'elle leur fût inculquée, en quelque sorte, sans qu'elles s'en doutassent ; réveiller chez ces déchues, qui ont déjà conscience de leur abjection, l'amour-propre, le sentiment du point d'honneur, produirait des résultats bien plus appréciables, que toutes les notions possibles de la froide morale, plus froidement enseignée encore (1). Bref, il faudrait, pour refaire l'éducation de ces jeunes créatures un personnel enseignant et corrigeant d'une rare habileté, joignant à une grande pureté de mœurs une connaissance approfondie de la vie, n'ignorant aucune des causes de perdition de ses élèves, allant jusqu'à les comprendre, et trouvant dans son cœur et dans son esprit la force de pardonner les fautes passées et d'en réparer avec infiniment du tact, et dans la limite du possible, les lamentables conséquences. J'ai trop bonne opinion de notre personnel enseignant pour ne pas être persuadé qu'on trouverait facilement dans ses rangs des gens capables pour occuper dignement ces délicates situations qui conviendraient surtout à des femmes veuves, ayant élevé des enfants, ayant expérimenté la vie en honnêtes mères de famille, et privées prématurément du soutien de leur existence. Ce débouché très honorable suppléerait pour le plus grand bien de la société à l'insuffisance de débits de tabacs et autres allocations analogues fournies par l'Etat à de respectables veuves de ses fonctionnaires.

(1) Dans leur intéressant ouvrage. MM. Henri Rollet et Guy Tomel montrent bien quelle utilité on peut tirer d'une intelligente excitation de la fierté personnelle (*Les enfants en prison*, p. 176, éd. Plon, Nourrit et Cⁱᵉ, 1892). — On pourrait aussi donner comme récompense, aux plus sages le droit d'avoir un oiseau, un animal domestique quelconque, chat, chien, etc... un jardinet, etc... qui leur permettrait d'avoir un objet propre à soigner et à aimer, la femme a absolument besoin de dépenser ses forces affectives.

VII

Tous les criminalistes sont d'accord sur l'utilité des visites aux détenus, faites par des gens expérimentés, ayant conscience de leur rôle et de leur devoir. En notre matière, ces visites seront particulièrement nécessaires et avantageuses, si elles sont bien comprises. Certes, il ne faudrait pas permettre la communication avec n'importe qui ; une pareille autorisation compromettrait l'amendement même qu'on cherche à opérer. Mais nous retrouvons ici les dames patronesses qui ont suivi l'enfant depuis l'heure de son arrestation et qui s'occupent spécialement des petites prostituées avérées ; l'action concordante du patronage et de l'administration chargée de la mission régénératrice, est plus indispensable ici que partout ailleurs. Le patronage ne doit jamais cesser d'exercer sa bienfaisante curatelle au profit de nos jeunes filles ; aux yeux de celles-ci, il doit représenter la faculté de se libérer, c'est-à-dire l'espérance qu'il faut toujours tenir éveillée dans le cœur de l'être humain, mais particulièrement chez l'enfant. Or, des dames visiteuses, bien convaincues de la grandeur de leur mission, sachant gagner l'affection en même temps que le respect de leurs patronées, opéreront par le cœur, par cette chaleur communicative des âmes qui se donnent, la guérison de ces plaies profondes, rongées par le vice, que la thérapeutique de l'administration, nécessairement froide, parce qu'elle devra être disciplinaire, n'arrivera pas seule à procurer. Trop souvent, on trouve des administrateurs qui voient d'un œil peu sympathique l'entrée d'agents non fonctionnaires dans leurs établissements. C'est là de la mesquinerie professionnelle, et l'oubli de cette grande règle que le concours simultané, constant et corrélatif de l'élément administratif et de l'élément patronal peut seul donner de bons résultats en ce genre de réforme. Aussi faut-il que, dès la première heure de l'arrestation, le patronage soit mis en rapport avec la jeune fille, afin qu'il apprenne à la connaître, qu'il obtienne sa confiance, et qu'il soit à même de juger des résultats obtenus par le prolongement de l'incarcération, pour rendre utilement l'enfant à la vie libre. C'est à ce dernier moment, en effet, que commence

le rôle complet et la responsabilité du patronage. Rendre purement et simplement les libérées qui paraissent amendées à la
liberté pleine et entière, les livrer brusquement aux mille
difficultés de la vie moderne, c'est à plaisir les rejeter dans le
gouffre dont on aura vainement cherché à les tirer. N'oubliez
pas, en effet, que quels que soient les résultats obtenus par
une éducation intensive, plus ou moins prolongée, ce sont des
caractères faibles et faciles à l'entraînement que vous avez eu
à redresser. Le proxénétisme guettera ses proies si celles-ci ne
trouvent pas des protecteurs prêts à les soutenir et à les
défendre à leur sortie des établissements d'éducation ; à défaut
de ce danger, la nécessité de vivre au milieu des luttes de la
vie les ramènera presque toujours à leur existence d'infamie
passée, parce qu'au cours de leur séjour dans les maisons de
l'Etat, elles se seront habituées peu à peu à ne pas songer au
lendemain, et qu'elles seront moins armées par l'expérience
pour la concurrence vitale. Il importe de ménager un terrain de transition, sagement graduée, entre l'incarcération
absolue, qui est la cage, et la libération complète, qui est le
grand air. L'administration, malgré tout son bon vouloir, ne
peut pas assumer une pareille tâche, qui ne peut être remplie
que par des sociétés de patronage. Voici comment pourrait
fonctionner le concours bienfaisant de ces deux rouages :

Quand l'enfant paraîtrait amendée et capable de reprendre
la vie libre, l'administration et le patronage se mettraient d'accord pour faire ordonner la libération *provisoire* ; l'enfant serait
menée alors dans un asile où elle jouirait d'une demi-liberté ;
là, sous un régime de discipline moins sévère que celui de
l'établissement d'éducation, on pourrait constater si elle est
réellement revenue au bien ; au cas contraire, elle serait réin-
tégrée dans la maison administrative, pour y être maintenue
jusqu'à sa vingt et unième année. Supposons l'épreuve favo-
rable à la libérée ; on laisserait ensuite à celle-ci une liberté
plus grande, et pour cela le système des *petites familles* qui a
rendu déjà de signalés services, soit en Angleterre, soit même
en France, pour des enfants arrachées à la misère, serait ce
qu'il y aurait de plus pratique. Voici en quoi consiste une
petite famille : pour une très modique somme, une femme,

veuve ou mère ayant déjà élevé ses enfants, présentant des garanties de moralité indiscutable, reçoit sous son toit un certain nombre de jeunes filles, sans que la quantité de celles-ci puisse dépasser une douzaine ; pendant le jour, ces jeunes pensionnaires vont à leur travail, et tous les soirs elles reviennent s'asseoir à la table commune, où l'on ne peut pas craindre pour elles de mauvaises fréquentations. De la sorte, les jeunes libérées prendraient peu à peu l'habitude de l'existence régulière, et quand arriverait l'heure de la majorité, c'est-à-dire de la liberté absolue, elles se seraient accoutumées à ne demander leurs ressources qu'au travail honnête. Bien mieux, elles considéreraient le patronage comme une seconde famille, comme un asile où l'on peut venir trouver secours moral et appui aux heures d'infortune, aux époques de chômage personnel ou général, à ces moments où la débauche, cette source de gain si commode pour la fille que ne retient pas une moralité bien solide, guette ses victimes.

En écrivant ces lignes, je pense aux petites familles, organisées par quelques dames de bien, à Clichy-Levallois. Ces maisonnettes ne s'occupent pas de petites prostituées, je me hâte de le dire ; elles n'appliquent le système du travail libre, avec retour à la famille chaque soir, qu'à des enfants arrachés très jeunes à la pauvreté, aux mauvais milieux, ou même à l'absence de milieu social. Les résultats sont excellents et démontrent ce que pourraient de nombreux asiles analogues. Je respecte assurément les institutions fermées, mais celles-ci, en soumettant les enfants à une discipline identique à celle des maisons administratives, ne facilitent aucunement l'éducation d'une volonté libre et maîtresse d'elle-même ; elles préparent des élèves destinées à obéir docilement à celui, bon ou mauvais, qui exercera son empire sur elles, mais elles ne façonnent pas des femmes armées pour la lutte pour l'existence. Je crois qu'intelligemment compris et appliqué, le traitement des petits asiles de Clichy-Levallois, pratiqué avec succès à Billancourt et à la rue de Vaugirard par la distinguée Mme Bogelot et par la dévouée Mme de Witt née Guizot, pour des libérées adultes de droit commun, pourrait aider efficacement à la répression de la prostitution précoce.

Jusqu'à présent, nous n'avons parlé que de libérées provisoires, c'est-à-dire de jeunes filles retenues dans le droit chemin par la sanction du retrait toujours possible de cette demi-liberté. La peur d'une réintégration dans la maison administrative jouera probablement un plus grand rôle que la morale même dans l'amendement apparent, au cours de la demi-liberté. Qu'importe ! Le principal est que la jeune fille prenne l'habitude de se bien conduire, qu'elle sache qu'elle peut subvenir à ses besoins sans le secours de la débauche ; et qu'importent, encore une fois, les moyens pour obtenir ces résultats, pourvu que les moyens soient honorables ! Un grand point aussi, ne l'oubliez pas, est de détruire cette idée que la prostituée nourrit presque toujours, quelquefois hélas ! pour des motifs trop réels, idée qui lui est inculquée par nos mœurs, beaucoup plus rigoureuses pour la prostitution que celles de l'antiquité ou même du moyen âge, idée qui lui fait dire : « Prostituée je suis et je resterai ; je ne suis plus bonne à aucun métier honnête. » Le séjour à l'asile préparatoire à la liberté, puis dans la petite famille, a précisément pour but de prévenir cette erreur, et de montrer à la principale intéressée qu'elle n'est pas définitivement perdue pour la vie régulière.

Il est donc à désirer qu'on puisse appliquer le programme précédent surtout à l'égard de libérées provisoires ; mais parmi les jeunes filles à corriger, il en est qui, soit arrivées tard dans la maison de l'Etat et n'ayant pas eu le temps de faire leur stage d'amendement, soit n'ayant pas pu ou voulu s'amender, ne peuvent être libérées que *définitivement* à l'âge où se termine l'éducation forcée. Il serait dangereux de jeter ces femmes-là brusquement, et sans transition aucune, sur le pavé si glissant pour leur fragile vertu. Leur offrir des asiles dans le genre des petites familles serait bon, mais il est bien entendu qu'on ne mélangerait jamait les adultes avec les libérées provisoires et mineures de vingt et un ans qui nous ont occupé jusqu'ici. L'influence des plus âgées pourrait être néfaste aux plus jeunes, et il serait absurde, dans un but d'économie déplacée, de risquer de compromettre l'avenir des moins mauvaises par une promiscuité fâcheuse. Quant aux adultes (c'est-à-dire les filles arrivées à vingt et un ans accomplis et libérées également), il est à présumer que peu d'entre elles useraient des chances d'amélioration mises à leur disposition ; n'ayant pas profité de leur séjour sous un régime disciplinaire sévère pour donner des preuves manifestes d'amendement, il est peu probable qu'elles se conduiraient mieux une fois rendues à la liberté. Cependant il ne serait pas impossible qu'il s'en trouvât quelqu'une pour profiter du moyen qui lui serait offert de rentrer spontanément dans l'existence honnête qu'elle ne voulait pas réintégrer contrainte et forcée : la vie humaine est pleine de contradictions de ce genre, et il suffirait que cette planche de salut dût être utilisée par une de ces malheureuses sur cent, pour qu'il fût interdit de lui enlever ce secours.

IX

Il nous reste un dernier point à examiner. A la seconde partie de la huitième question de son programme (IVe section), le Congrès a adopté, comme nous l'avons vu plus haut, une proposition de M. Yves Guyot tendant à provoquer une conférence des délégués des gouvernements pour prendre des mesures internationales contre la traite des blanches. Ce vœu est à la fois plus général et plus restreint que la question posée, — plus général en ce qu'il réclame une action commune des Etats pour protéger contre le proxénétisme international aussi bien les adultes que les mineures, plus restreint en ce qu'il n'indique pas quels professionnels de ce triste métier il a surtout en vue. Cependant on ne peut que s'associer, sans restriction aucune, au desideratum formulé, mais qu'on ne se fasse pas d'illusion : l'action des Etats est forcément très limitée en cette matière ; elle ne peut que poursuivre et punir les proxénètes internationaux ; quant à prévenir les coupables tentatives de ces misérables, quant à mettre en garde les familles et surtout les jeunes filles, qui s'expatrient dans un but honnête, contre les dangers qui les menacent en leur enfant ou en leur personne, aucune entente diplomatique n'y saurait parvenir. Seuls, les particuliers ou les sociétés privées peuvent atteindre ce résultat. J'ai vu dans l'est de la France, cette région si infestée depuis quelques années par les pourvoyeurs de la débauche austro-allemande, une tentative bien intéressante faite par une excellente association, *la Société internationale des Amies de la jeune fille*. Cette société s'est mise en rapport avec les autorités communales, ainsi qu'avec les ministres des cultes, et elle informe les jeunes filles désireuses de s'expatrier qu'elle est à leur disposition pour leur procurer des renseignements sur les familles dans lesquelles un placement est offert, et pour désigner aux émigrantes, des correspondants honorables dans les localités étrangères. Voilà qui m'a l'air plus pratique et plus fécond en résultats qu'une entente des délégués des divers pays. Cette procédure très simple, empruntée, je crois, à des sociétés helvétiques, ne peut effrayer personne. Il appartient aux gouvernements d'encourager des tentatives de ce genre et de leur faciliter la tâche sans leur opposer des obstacles administratifs qu'on ne rencontre que trop souvent : c'est là, en effet, du bon internationalisme.

<h2 style="text-align:center">X</h2>

En somme, on a abordé au récent Congrès pénitentiaire de Paris un des problèmes les plus ardus et les plus cruels de la prostitution actuelle. Les esprits les meilleurs de tous les pays se sont appliqués à résoudre les questions qui leur étaient présentées ; ces difficultés sont soulevées ; pratiquement elles ne sont pas encore résolues ; mais il est à espérer que d'ici peu, on arrivera, grâce à l'effort commun de toutes les bonnes volontés, à apporter une amélioration notable à l'état de chose existant qui est déplorable pour le présent, et effrayant pour l'avenir. Ce jour-là, tous ceux qui auront collaboré au résultat obtenu pourront se dire qu'ils ont bien mérité de l'humanité.

Marc RÉVILLE.

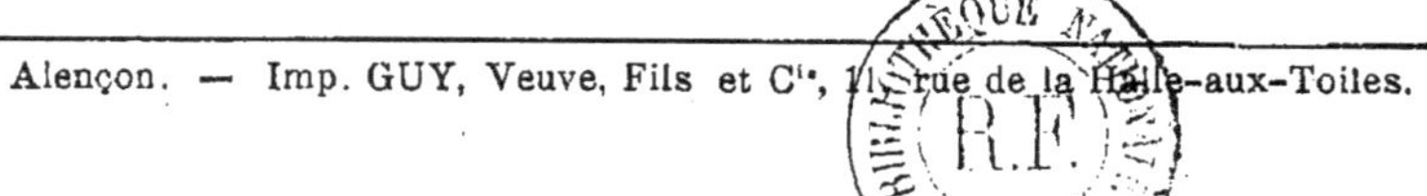

Alençon. — Imp. GUY, Veuve, Fils et Cⁱᵉ, 11, rue de la Halle-aux-Toiles.

9 782014 099539